Ek 216.

SI LES HABITANTS D'AMIENS ONT ÉTÉ SERFS DE LEUR ÉVÊQUE ?

1er ARTICLE

SUR LES COUTUMES DU BAILLIAGE D'AMIENS,

Rédigées en 1507, et publiées par M. BOUTHORS, *Greffier en Chef de la Cour impériale d'Amiens, en 1845 et 1853.*

(Extrait de la Revue LA PICARDIE, n° du 15 Mai 1855.)

COUTUMES LOCALES DU BAILLIAGE D'AMIENS,

RÉDIGÉES EN 1507,

Publiées par M. A. BOUTHORS, *Greffier en chef de la Cour impériale d'Amiens*, 2 vol. in-4°, Amiens, 1845-1853, (*Comptes-rendus de* MM. TROPLONG *et* DUPIN; *article critique de M.* B. DE XIVREY.)

(1er ARTICLE.)

Si les habitants d'Amiens ont été serfs de leur Évêque?

Les Coutumes locales du Bailliage d'Amiens ont été rédigées en 1507, en exécution d'un édit rendu à Grenoble par Louis XII, le 12 avril, et suivant l'ordre qu'en avait donné une assemblée générale des trois états de la province, réunis le 26 août. On a employé le mois de septembre à ce travail, fait dans des assemblées locales où, pour chaque seigneurie, on a constaté les traditions en recevant des habitants un témoignage pris contradictoirement avec celui du seigneur ou de ses représentants. C'était donc là une espèce de première promulgation des conventions antiques, par lesquelles avait été régie dans cette province, depuis plusieurs siècles, une série de générations. Les coutumes ont été produites à une nouvelle assemblée générale du bailliage, tenue le 2 octobre; mais elles n'y ont pas été vérifiées parce que leur nombre aurait exigé qu'on employât six mois de séances consécutives à en entendre la lecture. Elles ont servi de base à la rédaction définitive qui a été approuvée par le Parlement en 1513 et qu'on retrouve probablement dans le Coutumier général. On se demande comment, depuis le XVI² siècle jusqu'à nos jours, ces coutumes ont survécu à l'action de toutes les circonstances où ont péri les originaux des autres coutumes locales de bailliage, qu'on a probablement rédigées également entre la fin du XV² et le commencement du XVII² siècle sur toute l'étendue du territoire français ? Le hasard les a sauvées de la destruction. L'on conservait les 453 coutumes du bailliage d'Amiens dans le trésor littéral, situé au-dessus de la chambre d'audience et fermé de deux serrures et de deux clefs. De là, elles ont passé aux archives de la Cour, où elles étaient reléguées comme papiers de rebut, lorsque M. Bouthors a retrouvé la plupart des 397 qu'il a publiées récemment.

Cette production typographique a pris à M. Bouthors les loisirs d'au moins quinze années de sa vie. Seul, il a suffi à la tâche de copiste, de correcteur d'épreuves, d'annotateur et de commentateur des textes. Il a complété cette édition en composant à la fin plusieurs tables qui permettent de se servir aisément, j'allais dire utilement, d'une collection de textes, extrêmement importants pour étudier l'état social où se trouvaient les pays relevant du bailliage d'Amiens vers le commencement du XVI² siècle, mais que bien peu de personnes consulteront, si ce n'est pour y chercher un document propre à éclairer quelque difficulté de l'histoire et du droit féodal ou coutumier.

Les amis de l'érudition véridique ne peuvent que remercier M. Bouthors de la persévérance et du courage qu'il a mis à sa tâche ; et il a du moins le bonheur d'avoir élevé un monument qui ne périra plus, parce qu'il doit servir de complément indispensable à plusieurs des grandes collections de documents relatifs à l'histoire de France, dont la publication a été entreprise par les gouvernements qui se sont succédé depuis le règne de Louis XIII. C'est un mérite et en même temps c'est une récompense qui en valent bien d'autres.

Aussi la critique parisienne s'est-elle occupée de l'édition faite par M. Bouthors. Une pareille bonne fortune attend les œuvres remarquables. Quel que soit le lieu d'où elles partent, elles excitent à Paris l'attention des autorités les plus hautes et des hommes les plus compétents. Ainsi le Mémoire de M. Tailliar sur *l'Affranchissement des Communes* a été cité par M. Aug. Thierry et a, selon mon avis, eu quelque influence sur les opinions de ce maître ; ainsi les *Coutumes locales du Bailliage d'Amiens* ont été l'objet de travaux importants et d'études consciencieuses.

Dès le mois de janvier 1846, l'Académie des sciences morales et politiques entendait au sujet du premier tome de ces coutumes, le rapport d'un de ses plus illustres membres, de M. Troplong, aujourd'hui président du Sénat. Le 26 février 1848, le *Journal des Débats* insérait, sur ce même volume, un compte-rendu écrit par M. B. de Xivrey. Lors de l'apparition du tome second, l'Académie des sciences morales, une nouvelle fois, écoutait, dans le mois d'avril 1854, un rapport de M. Dupin, ancien président de l'Assemblée législative. Il est arrivé qu'une phrase de ce rapport a donné lieu à une vive polémique, soutenue par M. L. Veuillot dans le journal l'*Univers religieux* et développée bientôt en la forme d'un volume intitulé *Le Droit du seigneur*. Enfin un très remarquable article publié dans le journal le *Droit*, numéro du 23 juillet 1854, et dû à la plume de M. de Lagrèze, conseiller à la Cour impériale de Pau, est venu clore une discussion un peu incidente.

Ce livre est donc un de ceux qui méritent toute notre attention. Produit dans Amiens, il appelle notre intérêt. Divulgation réellement neuve et authentique des faits relatifs à l'époque du déclin féodal, plein de science et de controverse, il heurte bien des idées reçues, il exige un sérieux examen. Nous ne nous en approchons qu'avec une certaine méfiance de nos forces et plutôt dans le dessein d'exposer les doutes soulevés en nous par de certaines parties des notices ; plutôt dans le désir de le faire justement apprécier par la ville où il a paru, qu'avec la prétention de le juger de haut, ou d'en exposer l'ensemble et la portée ; car il est consacré à des faits dont, pour la plupart, la connaissance ou l'étude est nouvelle pour nous.

Dès les premières pages, une chose nous a frappé ; je veux dire la qualité de la forme littéraire : M. Bouthors écrit clairement ; son style est nourri, sans pesanteur ; il a de la couleur, sans être surchargé d'épithètes ; il est rapide, sans être sautillant ni coupé. Nous ne voulons pas médire de notre époque, estimée par nous autant que bien d'autres, mais il nous semble que de pareils mérites n'y sont pas tellement communs qu'on ne doive pas les signaler lorsqu'on les rencontre.

Quant au fond, parcourir ces Coutumes, en lire les préfaces, les notices et les comptes-rendus, suggère une telle foule d'observations en tout genre, que cette abondance nuit à qui se propose d'en parler. Les esprits les plus vifs et les plus nets, MM. Troplong et Dupin eux-mêmes, m'ont paru avoir éprouvé cet embarras. Si donc mon travail manque un peu d'unité, je réclamerai du lecteur quelque indulgence. La place dont je puis disposer est extrêmement restreinte ; elle ne me permet de m'arrêter que sur un certain nombre de points, et j'ai beaucoup à faire pour éviter ici l'obscurité.

Une des premières choses qui m'ont étonné, je l'avoue, c'est de voir signaler des traces de la servilité antérieure, je ne dirai pas des habitants des villes, mais des habitants d'Amiens. Je n'avais jamais cru jusqu'ici que le servage féodal se fût étendu sur tous les habitants des villes qui, au temps de l'empire romain, avaient eu comme Amiens la qualité municipale et avaient conservé, durant l'anarchie féodale, au moins en partie, leur condition primitive de capitale des cités. Or je vois, et dans le rapport de M. Troplong et dans la notice écrite par M. Bouthors *sur les prestations féodales*, que les habitants d'Amiens avaient été réduits au servage et que leur condition en porte les marques indélébiles, même après l'établissement de la commune. Cela mérite d'être examiné.

M. Troplong dit d'abord qu'après 1113, si la servitude ne règne plus dans Amiens, la commune laisse subsister des redevances qui sont des signes incontestables d'une origine mainmortable ; il nomme, à l'appui de son dire, le respit de St.-Firmin, le maritagium, le mortuarium et s'écrie : « Voilà cette liberté du moyen-âge, pour laquelle on affronte la mort : elle porte les stigmates de la servitude ; elle paie une rançon honteuse ! Mais quoi ! n'est-ce pas là liberté qui commence ? » C'est la liberté qui commence, tant qu'on voudra ; mais avoir eu des ancêtres serfs et avoir payé longtemps la rançon de cette servitude est une chose si désagréable pour les descendants, qu'on permettra bien que les Amiénois ne se résignent pas à être fils de serfs sans avoir vu la question tournée en tous les sens.

Je sais bien que, dans les municipes, il y avait des esclaves au Ve siècle de l'ère chrétienne ; mais il y avait aussi des artisans libres, population plus ou moins nombreuse suivant les localités et déjà organisée en corporation ; il y avait des petits propriétaires; puis, des grands propriétaires qui étaient les curiaux ou *curiales;* enfin, des familles sénatoriales qui, du moins pour la plupart, cherchèrent un asile dans l'enceinte des villes lors de l'invasion des barbares auxquels elles abandonnèrent les campagnes. Qu'étaient devenues, dans l'intervalle du V° au XI° siècle, toutes ces différences entre les habitants des villes? Ces degrés de liberté avaient-ils été effacés pour ne laisser à leur place qu'une égalité dans la servitude? L'immunité ecclésiastique n'avait-elle conservé une portion des franchises urbaines que jusqu'au moment où, se changeant en seigneurie, elle avait trouvé son intérêt à étendre le même joug sur toutes les têtes, les plus hautes comme les plus basses? Par suite de la ruine de la centralisation impériale, l'impôt, transporté des besoins de l'Etat aux besoins des municipes, perçu non plus par les officiers du gouvernement mais par ceux des villes, la municipalisation des taxes, en un mot : cela s'était-il transformé en droits domaniaux, comme il est généralement arrivé pour d'autres impôts en argent dont l'origine est notoirement libre, et alors cette transformation prend-elle l'air d'avoir une origine servile aux yeux des savants juristes?

On ne découvre guère pour réponses à ces questions que des hypothèses plus ou moins probables; mais faisons une observation préliminaire. Qu'il y ait eu dans Amiens d'énormes abus de pouvoir, c'est ce que montre la charte que les comtes Guy et Ives ont publiée vers l'an 1091; pourtant cette charte, unique document qu'ait conservé l'histoire sur l'époque où les excès des tyranneaux étaient arrivés à leur comble, cette charte est une preuve que, même alors, les habitants d'Amiens n'étaient pas asservis. Or, la révolution qui éclate contre Enguerrand de Boves est de 1113; et donc il s'en suit que, si jamais la population d'Amiens a été traitée comme mainmortable, ce n'a pu être que durant un fort petit nombre d'années. Maintenant nous pouvons étudier le texte même sur lequel est fondée l'opinion que nous examinons.

En 1226, après une longue série de discussions relatives aux impôts que la commune d'Amiens devait payer à l'autorité épiscopale, Gaufrid, qui occupait alors le siége, fit, par amour de la paix, une convention d'après laquelle tous les hommes et toutes les femmes, mariés ou veufs et qui résident à Amiens, doivent, le jour de la fête de St.-Firmin, payer à l'évêché un respect (1) de trois deniers, monnaie courante, moyennant quoi l'évêque les tient quittes de son tonlieu. Ceux qui jureront la commune seront, de plein droit et sans que l'évêque puisse s'y opposer, inscrits sur le rôle de St.-Firmin; en outre, ils doivent dix-huit deniers et trente setiers de vin pour leur entrée. Tout membre de la commune paie à l'évêque en se mariant quatre setiers de vin ; lorsqu'il meurt, les héritiers de chacun en donnent deux : « Ne si ne doivent nient chiaus qui nont femmes ou nont eues. Et si sont tous iours kuite. » (T. I, p. 475, note.)

Voilà bien 1° un cens payé par tête masculine ou féminine des chefs de famille ; 2° un maritagium ; 3° un mortuarium. L'ensemble de ces redevances paraît, aux yeux des hommes qui ont étudié les institutions légales ou coutumières du moyen-âge, constituer, surtout, à vrai dire et réellement, une

---

(1) Le mot *respectus* a deux sens. D'abord, *solvent pro respectu suo*, avait pu se traduire « Ils paieront pour leur salut ; » mais nullement « par respect pour St.-Firmin. » Dans la suite, il signifiait un tribut ecclésiastique spécialement acquitté aux solennités religieuses, comme on le voit par un acte de Philippe-Auguste : *Concedimus 22 lib. reditus, et 4 sol. in censibus, et in molendinis 16 lib., et in respectibus Natalis et Paschœ, 17 sol.* Etait-ce une des transformations de la dîme? En ce cas, l'origine n'avait rien de servile.

preuve que tous les habitants d'Amiens ont été les serfs de l'évêque (1).

J'y vois pourtant, même sans tenir compte des données historiques, des objections qui, tant qu'elles n'auront pas été résolues, ne permettront pas de partager cet avis sans aucun doute opposé.

Ne nous arrêtons même pas à chercher si les respits, respects ou regards ne sont pas une tranformation de la dîme personnelle et industrielle, quelque probable que cela soit.

Rappelons d'abord, ce que tout le monde sait, qu'au moment de sa révolution communale, Amiens était divisé en plusieurs juridictions dont les principales étaient celles de l'évêque, du comte et du châtelain. Cette division de juridiction n'indique pas que les habitants de la ville fussent tous dans le servage de l'évêque, ni même qu'ils fussent tous ses vassaux politiques ; et cependant les membres de la commune, hommes ou femmes, mariés ou veufs, tous paient le répit de St.-Firmin, ont acquitté le maritagium ou solderont le mortuarium.

En second lieu, est-ce que le mariage pourrait être considéré comme engageant la personne dans la servilité à l'égard de l'évêque ? Il est clair que la condition du servage n'a jamais été une conséquence du mariage à moins que l'on ne s'unît à une personne serve antérieurement. Or, sur ces trois droits, dont l'ensemble impliquerait la reconnaissance d'une origine servile suivant l'opinion de MM. Troplong et Bouthors,

---

(1) C'est en effet une énumération assez semblable à celle que l'on trouve dans le cartulaire de l'abbaye de Ste.-Geneviève de Paris, à l'an 1183 : « *Quitavit consuetudines et obventiones de hominibus suis de Petrafonte, scilicet* respectus, manum mortuam *seu* caducum *et* forismaritagium. » Ducange, verbo Respectus.

il y en a deux qui n'étaient pas acquittés par les gens non mariés : le maritagium, évidemment, et le *census capite* appelé respit de St.-Firmin. Cette considération ne mène-t-elle pas à soupçonner que les trois deniers payés à l'évêque, le jour de la fête de St.-Firmin, sous la bannière duquel la commune avait conquis son existence, ont une autre origine ?

M. Aug. Thierry, dans les documents relatifs à l'histoire du Tiers-État et qui concernent la ville d'Amiens, mentionne, en plusieurs endroits du tome Ier, le répit de St.-Firmin, et entre autres, à la page 200 ; il y dit : « Dès le XIIe siècle, les « bourgeois paraissent avoir obtenu de l'évêque l'exemption « de la portion des droits de tonlieu qui lui revenaient, « moyennant un droit fixe, espèce d'abonnement, qu'on « nommait le répit de St.-Firmin. » M. Bouthors ne pense pas qu'on puisse regarder cette redevance comme un simple abonnement rachetant un tonlieu, et pourtant le traité fait en 1226 par l'évêque porte textuellement « *tres denarios... in festo prædicti martyris... persolvent et sic de theloneo suo immunes erunt per annum.* — Ils paieront trois deniers à la St.-Firmin et ainsi seront quittes de leur tonlieu durant l'année. »

Quant au maritagium, au sujet duquel une phrase un peu voltairienne de M. Dupin avait excité la verve indignée de M. Veuillot jusqu'au point de fournir à ce dernier écrivain une érudition improvisée qui a fini par prendre la forme d'un volume, nous ne reviendrons pas sur une question jugée sans appel. Des seigneurs laïques ont, jusqu'au XVIe siècle, exigé le droit de le percevoir en réalité. Ainsi M. de Lagrèze publie un acte qui existe aux archives de la préfecture de Pau et où il est dit « si le premier-né d'un mariage entre les habitants de Louvie est un enfant mâle, il sera franc parce qu'il peut être engendré des œuvres dudit seigneur de Louvie dans la première nuit de ses dits plaisirs. » Ainsi M. Bouthors donne la coutume de la seigneurie de Drucat où l'article 17 porte « le maryé ne pœult couchier la première nuyt avec sa dame de nœupce sans le congié, licence et autorité dudit seigneur, ouquel ledit seigneur ait couchié avecq ladite dame de nœupce. » Mais il est évident que les tribunaux ecclésiastiques, pas plus que ceux du roi, n'ont jamais admis de pareils abus ; la religion et la justice s'y sont opposées comme à tous les autres, et, si l'Eglise percevait un maritagium, M. de Lagrèze, qui me paraît avoir conservé un impartial sang-froid en débattant la question, trouve à cet impôt, en s'appuyant sur Ducange, une origine honorable et, selon moi, des plus certaines. Le 13e canon du IVe concile de Carthage était ainsi conçu : *Sponsus et sponsa, cum benedictionem acceperint, eadem nocte pro reverentia ipsius benedictionis in virginitate permanere jubeantur.* Cette loi antique fut modifiée par l'Eglise ; l'évêque accorda des dispenses moyennant une somme légère. C'est le salaire de la dispense que réclamait le chapitre d'Amiens et que l'arrêt de 1409 lui refusa. Mais, en ce cas, il faut encore renoncer à voir dans le maritagium ecclésiastique un droit d'origine féodale et conséquemment une trace de l'antique servage des habitants d'Amiens vis-à-vis de leur évêque. Je soupçonne même que le maritagium féodal pourrait bien n'être, comme la dîme seigneuriale, qu'une usurpation et une déviation du droit ecclésiastique.

Reste le mortuarium, taxe qui est due à une église ou au recteur de cette église pour tout paroissien décédé. Au XIIIe siècle, le concile d'Exeter (1287) explique la cause et l'origine de cet impôt en disant qu'il était une espèce de compensation pour les torts que l'oubli ou la négligence aurait pu faire commettre au paroissien durant sa vie, au sujet des offrandes, des décimes ou des autres droits de la paroisse. Ici l'on se demande, comme je viens de le faire pour le maritagium, si le mortuarium féodal n'est pas l'imitation d'une coutume ecclésiastique, abusivement établie par les seigneurs laïques.

Franchement on ne voit là, ni dans chacun de ces droits pris séparément ni même dans leur réunion, rien qui montre évidemment l'existence d'une condition antérieurement servile. Que les habitants d'Amiens aient tous été les vassaux de l'évêque, je le veux bien ; qu'ils aient été ses serfs, je me refuse à le croire, tant qu'on ne l'aura pas plus clairement prouvé.

A cet égard, il me semble même qu'il y a, dans la dissertation de M. Bouthors sur les redevances féodales, certaines contradictions, sinon réelles du moins apparentes ; par exemple, entre ces phrases de la conclusion : « Le respit de « St.-Firmin avait par rapport à l'état personnel des mem- « bres de la commune d'Amiens la même signification que la « prestation du cierge d'offrande du sieur de Picquigny, par « rapport à l'alleu qu'il avait soumis volontairement à la « mouvance de l'évêché d'Amiens. La déclaration de ce « seigneur qu'il tenait cet alleu en fief *du bras de Mon-* « *seigneur St.-Firmin*, se symbolisait dans cette offrande « qui était la négation absolue de toute idée de dépendance « et de sujétion féodale. Ainsi le cens personnel, le marita- « gium, le relief de succession, le relief de bourgeoisie « se référaient à la condition des personnes ; et, dans les « villes où la liberté des citoyens était la mieux garantie, ces « prestations n'étaient autre chose que la reconnaissance « implicite du contrat d'affranchissement. » La négation absolue de toute idée de dépendance et de sujétion féodale peut-elle être une reconnaissance implicite d'un contrat d'affranchissement ? Le seigneur de Picquigny qui avait volontairement soumis son alleu à la mouvance de l'évêque était-il devenu ainsi un affranchi ? Affranchit-on d'autres personnes que les esclaves et les serfs ? Suivant vous, le noble et le serf ont-ils des obligations semblables ? ou bien, n'y a-t-il pas de différence fondamentale entre la condition du serf et celle du vassal ? ou bien le serf est-il au vassal ce que le vassal est au roi ? Dans ce cas, les autres différences ne sont plus que des différences de pouvoir et de fortune, que des différences accidentelles et superficielles. Si l'on veut que le vassal et le serf aient payé des prestations qui rendent malaisé de déterminer la distinction qui existait entre ces classes, il faut en même temps reconnaître qu'il n'y avait rien de plus honteux à payer les unes que les autres, car les unes n'avaient pas plus que les autres de caractère qui leur fût propre.

Qu'on me permette de faire une hypothèse afin d'essayer de montrer qu'il existe un certain danger à vouloir, à six siècles de distance, qualifier la nature des impôts et les distribuer par groupes qui puissent en faire ressortir la signification politique. Notez bien que je n'affirme pas que MM. Troplong et Bouthors aient commis une erreur du genre de celle que je vais imaginer. Donc supposons que, dans six siècles, espace de temps qui s'est écoulé entre la convention conclue au sujet du répit de St.-Firmin et notre époque, un savant juriste découvre et publie les manuscrits des revenus actuels de l'évêché. Il y inventera, s'il y tient, un mortuarium, un maritagium, jusqu'à des espèces de taxes pécuniaires, colligées à domicile ; et même des prestations soldées en denrées. « Après les révolutions de 1789, de 1830 et de 1848 (dira-t-il en 2450), on est tout surpris de découvrir un ensemble d'impôts, soldés en numéraire, et qui montrent la trace d'une origine servile ; ces impôts avaient survécu à la ruine du moyen-âge féodal et en portaient la marque ineffaçable. Sans doute, vers la moitié du XIXe siècle, ils n'excitaient pas de réclamation publique ; mais c'était qu'ils n'avaient aucun caractère politique, qu'ils n'avaient aucune sanction légale ; pourtant ils étaient restés tout ce qu'ils pouvaient être alors et tenaient lieu des anciens droits seigneuriaux dont ils n'offraient en définitive que l'inévitable transformation. Et voilà cette liberté du XIXe siècle ! (pourra-t-il ajouter), cette liberté pour laquelle on était prêt à risquer sa vie ! Elle portait encore au front les stigmates de l'antique servitude ! » L'auteur que je suppose, en regardant bien autour de lui, trouvera aussi probablement que ses contemporains paieront, sous d'autres noms, autant que nous payons aujourd'hui, et cela sans qu'ils se croient plus marqués du servage que nous ne nous le croyons et que ne se le croyaient peut-être les bourgeois d'Amiens du XIIe au XVIe siècle.

Aucune des observations ci-dessus n'est présentée d'une façon positive. Ce sont là des doutes et non des critiques. Assez jeune dans la science pour que je ne prétende pas en savoir plus que MM. Troplong et Bouthors sur des sujets éminemment spéciaux, j'y suis trop vieux soit pour accepter soit pour affirmer ce qui ne me paraît pas incontestable. D'ailleurs la suite de ces études sur les *Coutumes locales du Bailliage d'Amiens* montrera que, si je m'éloigne parfois du sentiment de M. Bouthors, il m'arrive aussi de l'accepter de tous points et qu'en tout cas je professe pour cette publication l'estime la plus haute et la plus méritée à mon sens.

Je citerai en finissant un passage de la 7e leçon du cours fait avec tant d'éclat, en 1828, par M. Guizot, sur l'histoire générale de la Civilisation en Europe. Ce passage exprime parfaitement et complètement mon opinion :

« Du V⁰ au X⁰ siècle, l'état des villes ne fut ni un état de servitude ni de liberté. On court dans l'emploi des mots la même chance d'erreur que je vous faisais remarquer l'autre jour dans la peinture des hommes et des événements. Quand une société a duré longtemps, et sa langue aussi, les mots prennent un sens complet, déterminé, précis, un sens légal, officiel en quelque sorte. Le temps a fait entrer dans le sens de chaque terme une multitude d'idées qui se réveillent dès qu'on le prononce et qui, ne portant pas toutes la même date, ne conviennent pas toutes au même temps. Les mots *servitude* et *liberté,* par exemple, appellent aujourd'hui dans notre esprit des idées infiniment plus précises, plus complètes que les faits correspondants des VIII⁰, IX⁰ ou X⁰ siècle. Si nous disons que les villes étaient au VIII⁰ siècle dans un état de liberté, nous disons beaucoup trop ; nous attachons aujourd'hui au mot *liberté* un sens qui ne représente point le fait du VIII⁰ siècle. Nous tomberons dans la même erreur, si nous disons que les villes étaient dans la servitude, car le mot explique autre chose que les faits municipaux de ce temps-là. Je le répète : les villes n'étaient alors dans un état ni de servitude ni de liberté ; on y souffrait tous les maux qui accompagnent la faiblesse ; on y était en proie aux violences, aux déprédations continuelles des forts ; et pourtant, malgré tant et de si effroyables désordres, malgré leur appauvrissement, leur dépopulation, les villes avaient conservé et conservaient une certaine importance. »

J. BELIN-DE LAUNAY,

Membre honoraire de l'Académie de Reims.

AMIENS. — IMP. DE LENOEL-HERQUART.

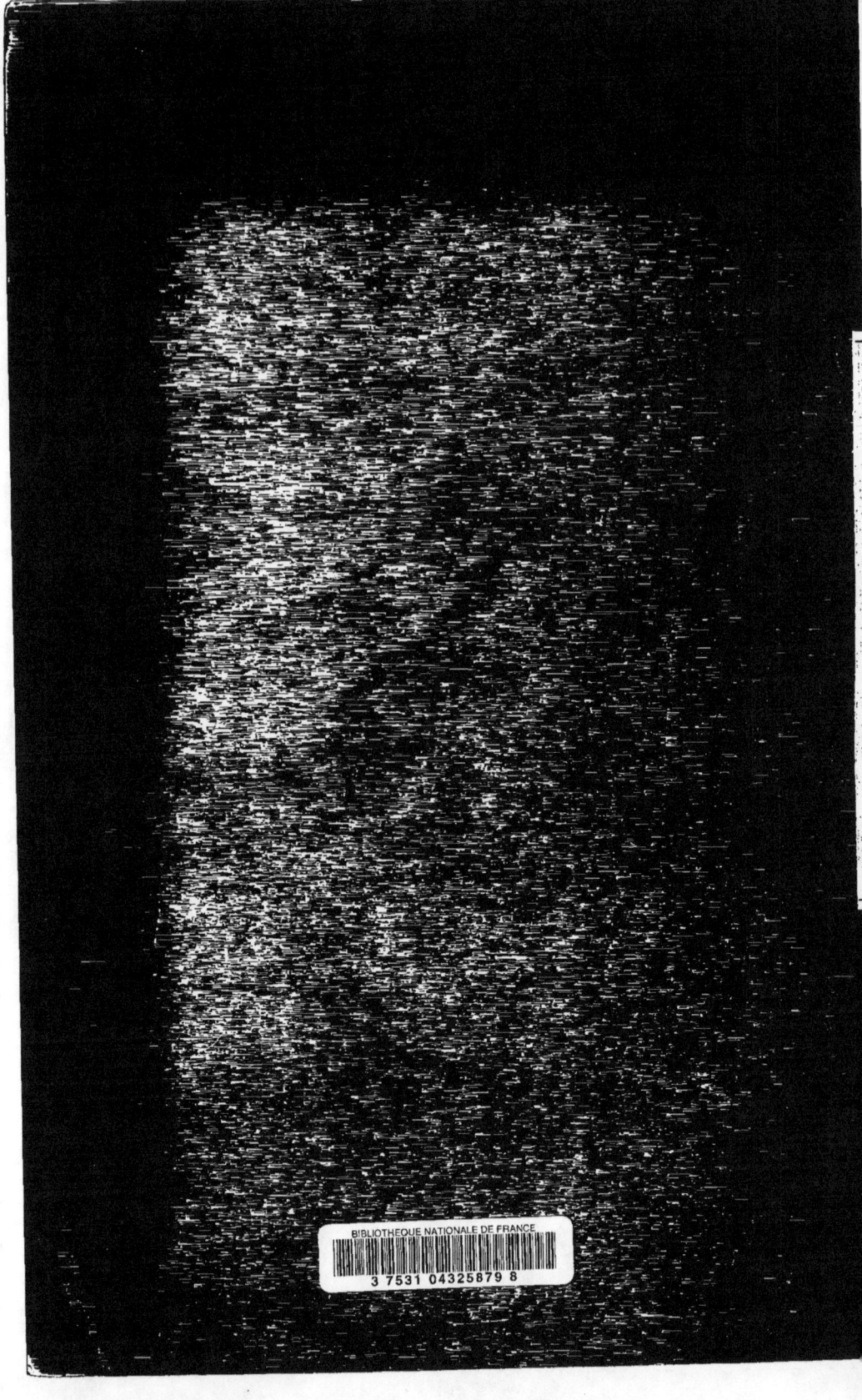